JN437166

내 마음에
매화를 심고

내 마음에 매화를 심고

안 형 재 제1시집

도서출판 천우

『내 마음에 매화를 심고』를 내면서

옛날 중국에서는 당나라 후기부터 송나라에 이르기까지 과거 시험을 치를 때에 시부(詩賦) 100편을 짓도록 하여 인재를 뽑는 백편과(百篇科) 제도가 있었다. 이때에 매화를 시제(詩題)로 삼아 시를 짓게 하는 일이 빈번했던 일과 관련하여 매화 시 100편을 연작시로 짓는 경향이 생겨났다.

북송시대 진관(秦觀, 1409~1100)이나 유극장(劉克庄, 1187~1269), 원대의 풍자진(馮子振, 1257~1327)과 명대의 축윤명(祝允明, 1460~1526)이 지은 7언 율시의 매화시 100편 등은 매화백영의 본보기라고 할 수 있다.

조선시대 퇴계(退溪) 이황(李滉, 1501~1570)은 관직에서 물러나 안동 도산에 은거하면서 절우단(節友壇)을 만들고 매화 백 그루와 소나무, 대나무, 국화를 심어 청정한 세계를 꿈꾸면서 자신을 '진지매인(眞知梅人, 진실로 매화를 아는 사람)' 이라고 했으며, 좌절(挫折)하는 순간에도 "매분(梅盆)에 물을 주라"고 할 만큼 매화를 사랑했으며 매화라는 단일 소재로 85제 115편의 자필 자작시를 지은, 우리나라 문학사상 유례를 찾아 볼 수 없는 독특한 시세계를 살다간 매화시인이기도 하다.

19세기 화가 조희룡(趙熙龍, 1789~1866)은 매화 시 100수를 지어 큰 소리로 읊다가 목이 마르면 매화차를 마시고 사는 곳의 이름을 매화백영루(梅花百詠樓)라 했다. 자하(紫霞) 신위(申緯, 1769~1847)의 매화연작시 36영과 다산(茶山) 정약용(丁若鏞, 1762~1836)의 아들 서산(西山) 정학연(丁學淵, 1783~1859)의 매화시 30수도 적지 않은 시작(詩作)이라고 할 수 있다.

이밖에도 조선시대 선비들은 저마다 시사를 만들어 매화시를 읊거나 시회를 열기도 했으며 그들의 문집 가운데는 매화시가 빠지지 않고 수록돼 있음을 볼 수 있다.

나는 40여 년간 매화와 더불어 살아오면서 매화나무 나이 2~3백년 생 뜰매화(庭梅) 90여 그루와 140여 품종의 매화나무 약 2,000여 그루 및 최고수령 450년생을 비롯한 분매(盆梅) 361점을 길렀고, 지성으로 매화를 알기에 힘썼으며, 매화와 교감하며 느껴지는 것들을 기록하여 모두 66편의 매화 시로 『내 마음에 매화를 심고』를 묶어 보았다.

고희를 넘긴 나이에 등단을 하고 처음으로 시집을 내놓자니 부끄러움이 앞선다. 서투른 문장이나 낱말들은 고쳐 읽어 주기를 간절히 바랄 뿐이다. 이 시집의 표지 제호(題號)를 손수 써 주신 대한민국미술대전 특선작가이며 심사위원인 소운(昭芸) 박병옥 선생에게 깊은 사의를 표하며, 이 책이 햇빛을 볼 수 있도록 애써주신 도서출판 천우의 김천우 사장님을 비롯한 편집실 임직원 여러분들에게 진심으로 감사를 드린다.

2017년 정월에

仁德院 梅花屋에서

梅村

제1부

매화 꿈

● 시인의 말

제2부

매화를 찾아서

제3부

녹악매

제4부

꽃의 제왕 매화

제1부

매화 꿈

매화 꿈

매화꽃 필 무렵엔
매화 꿈만 꾼다

달나라에서
구름 타고 내려올
항아를
맞으려고

이 밤도
전전반측(輾轉反側)*
밤잠을 설친다.

2008. 2. 2.

* 전전반측(輾轉反側) : 공자(孔子)가 엮은 『시경(詩經)』 '국풍(國風)' 편에 나오는 시, 「관관저구(關關雎鳩)」에 보면,

關關雎鳩 在河之洲　구룩구룩 물수리는 강가 섬에 있도다
窈窕淑女 君子好逑　요조숙녀는 군자의 좋은 짝이로다
參差荇菜 左右流之　들쭉날쭉한 마른 풀을 이리저리 헤치면서
窈窕淑女 寤寐求之　요조숙녀를 자나 깨나 찾는구나
求之不得 寤寐思服　구하여도 얻지 못하니 자나 깨나 생각하는구나
悠哉悠哉 輾轉反側　생각하고 또 생각하여 이리저리 뒤척이는도다

이라고 씌어 있다. 강기슭에서 울고 있는 저구(雎鳩)라는 물새를 아름다운 요조숙녀에 비유하여 노래한 것이다. 이 시는 중국의 주나라 문왕(文王)과 그의 아내 태사를 높이 칭송하여 지은 시다.

■ 이제나저제나 매화꽃을 맞이할 꿈을 꾸며 기다리는 조바심.

매화꽃 지는 밤

서해 바다에 석양이
숨어드는 것을 보며

인덕원(仁德院) 풍후매가
지는 것을 보면

가지지 못한 것
오르지 못한 것

채우지 못한 것
알지 못한 것,

원망할 가슴도
탓하고픈
생각도 없다

바람결에 나부끼는
허망한 연기인 것을

지는 매화는
또
한여름 태양을

뜨겁게 끌어안고
눈길로 사뿐히
오게 될 터이다.

2010. 3. 26.

지는 매화
— 낙매(落梅)

겨울이 물러선 자리에
밀물처럼 몰려 와

별처럼 헬 수 없는
비밀스런 이야기

달빛 아래 속삭였던
볼연지가 예쁜 매화

복사꽃, 살구꽃과
어울리기 싫어

따스하게 잡았던 손
살며시 놓은 채

함께하고 싶었던
그대
슬픈 모습으로
떠나려 하는가.

2007. 3. 2.

흑전매

쌓였던 눈 더미
동장군 눈물처럼
흘러내리고
박새들 떼 지어
새봄을 노래하면
입춘이 문 앞에
아지랑이와 다가선다

마파람 밀치듯 대문을 열고
귀한 손 맞으러 문밖에 서면
붉은 치맛자락 끌고서
사뿐히 다가서는
농염(濃艶)한 흑전매(黑田梅).

1994. 2. 4.

울릉 야매

갈매기알, 명이나물
눈 쌓인 우산국

거친 풍우(風雨) 속
비탈진 성인봉 야매(野梅)

새하얀 꽃잎
눈처럼 휘날리고

은은한 향내
온 섬 가득할 땐

뱃사람 해녀들
저절로 흥이 난다.

2006. 3. 20.

입덧하는 매화나무

아이 가진
임신부가
입덧하듯이,

매화나무
잎사귀가
돌돌 말리면

사람들은
병들었다
말하지만

봄에 필
꽃눈
생기느라

심한
입덧
하는 거라오.

2010. 8. 28.

원앙매 1

주홍빛 꽃잎이
이별처럼 지고 나면

금실 좋은 부부인 양
두 개의 열매가 한 꼭지에서
이마를 마주 대고 열린다

둘이는 밤을 새워 속삭인다
하늘에선 비익조(比翼鳥)*
땅에선 연리지(連理枝)* 되자고.

2001. 2. 20.

* 비익조(比翼鳥) : 암수가 각각 눈과 날개를 하나씩만 가지고 있어, 함께하지 않으면 날지 못한다는 전설의 새.
* 연리지(連理枝) : 뿌리가 서로 다른 두 나무에서 뻗어난 가지가, 서로 얽혀서 이루어진 가지를 뜻하는 것으로, 현종과 양귀비의 만남과 헤어짐을 간절함과 애틋함으로 표현한 것.

■ 중국의 당나라 때 현종은 28세에 황제의 자리에 올라 명상들을 등용하여 민생안정과 국방력을 튼튼히 하는 등 어진 정치를 베풀었으나 왕비인 무혜비(武惠妃, 매비(梅妃))가 죽자, 마음 둘 곳을 찾지 못하고 방황하던 차에 아들 수왕(壽王)의 아내였고, 경국지색(傾國之色)이요 절세가인(絕世佳人)의 상징이었으며 중국 4대 미인 가운데 으뜸이었던 양귀비(본명 양옥환(楊玉環))를 후궁으로 맞이했다가 후에 왕비로 책봉한다. 현종은 화청궁(華淸宮)이라는 온천에서 양귀비와 사랑에 빠져 권신 이임보(李林甫, ?~752)에게 국정을 일임했다가, 결국 안록산(安祿山, 703~757)의 난을 당하여 양귀비를 살해해야 한다는 신하들과 군사들의 압박을 이겨낼 방도가 없음을 알고, 양귀비가 38세의 젊은 나이에 스스로 목을 매달아 자결을 하였다.
당나라 시인 백거이(白居易)는 현종과 양귀비의 비극으로 끝난 사랑 이야기를 듣고 「장한가(長恨歌)」라는 노래를 지어 이들의 원혼을 달래 주었다.

臨別殷勤重寄詞　헤어질 무렵 간곡히 다시금 전할 말 부탁했는데
詞中有誓兩心知　그 말 중에는 두 사람만이 아는 맹세의 말 있었다
七月七日長生殿　칠석날 장생전에서
夜半無人私語時　밤 깊어 사람 없자 은밀히 속삭였던 말
在天願作比翼鳥　하늘에 나면 비익조가 되고
在地願爲連理枝　땅에서는 연리지가 되리라
天長地久有時盡　하늘과 땅도 그 끝이 있고, 시간도 다함이 있으나
此恨綿綿無絕期　이 한만은 영원히 이어져 끝이 없으리.

소록도 수양매

어린 사슴 닮은 섬

한하운(韓何雲)이
천형(天刑)의 문둥이 되어
붉은 황톳길 걸으며
찾아가다

지까다비 벗으면
또 한 개의
발가락이 문드러져
없어졌던 섬

스오 마사히데(周防正秀)의
피눈물 나는 핍박이
이춘상에서
끝난 섬

마리안느와 마가렛 수녀가
눈물로 생을 바쳐 섬기다
은퇴한 후
고향 인스부르크에서
꿈속에 그리며 사는 섬

그 섬엔
이 땅에서 제일 큰
하나뿐인 수양매가 있다

이른 봄
꽃봉오리 부풀어 오를 때면
한센인들 눈물이
우물처럼 고인다

오직 그 눈물 닦아 줄
따스한 손길이 필요한 때다.

2005. 3. 4.

■ 소록도 중앙공원은 제4대 원장인 일본인 스오 마사히데(周防正秀)가 8년 9개월(1933~1942) 동안 재직하면서 육신이 불편한 나환자들을 동원하여 온갖 강제 노역과 가혹행위를 한 끝에 조성되었다. 그 괴롭힘을 견디다 못한 이춘상은 아침 조회 시간에 손가락이 문드러져 없어진 팔에 칼을 헝겊으로 동여매고는 단상으로 돌진하여 스오를 찔렀다.
20대 후반에 소록도에 와서 40여 년간 환자들의 피고름을 닦아내며 생사고락을 함께 하다가 나이 먹어 되레 짐이 될까 봐 고향 인스부르크에 돌아가 '눈 뜨면 한국 생각 잠들면 소록도 꿈' 만을 꾼다는 마리안느 스퇴거 수녀와 '소록도를 떠나던 날 점점 멀어지는 섬과 쪽빛 물결을 바라보면서 하염없이 눈물을 흘렸다' 던 마가렛 피사렛 수녀의 사랑이 흠뻑 배어 있는 섬, 그 섬엔 수호신처럼 우리나라에서 제일 크고 오래된 수양매(정릉매)가 있다.

시 한 수 읊고 싶다

분매 온실 고양이에게
'고양이 밥 주듯' 했는데도
둥근 주목나무 그늘에서
중국단풍 잎사귀를 깔고 누워선
풀주머니마냥 늘어져 졸고 있다

매화나무는 따가운 햇살을 먹고
살랑거리는 바람에 손수건 흔들듯이
잎사귀를 나부끼며 꽃눈을 만든다

흰색 붉은색 분홍색 점박이 꽃
재주가 나부산(羅浮山) 매영(梅靈) 닮았다

흰 눈 소복이 내리는 날
늙은 가지 사이로
매화꽃 부스스 뺨을 드러내면
매선(梅仙)과 마주 앉아
시 한 수 읊고 싶다.

2009. 7. 27.

섣달에 핀 납월매(臘月梅)

섣달 스무 나흘
눈 쌓인 입춘 날

납월매 여덟 송이
곱게도 피었다

빨간 꽃잎은
황진이의 치마폭이요

노란 꽃술은
이몽룡의 어사패(御使佩)라

온 땅이 궁음(窮陰)하니
오호라 네 세상이라.

2013. 2. 4.

섣달그믐 조매(早梅) 피다

입춘에 그믐달
반 넘어 남았다

때 늦은 폭설은
감당할 길 없어도

새하얀 조매는
송이송이 피어난다

눈 속에 찾아온
월궁전 새아씨

그 향기에 흠뻑 젖어
헤어날 길 없어라.

2013. 2. 4.

약속

땅거미 들 무렵
내리던 눈발

동트자 일어나
매화 옆에 다다르니

새벽달, 흰 눈, 매화꽃
세 벗이

먹실 꿰어 굳은 약속
다짐하고 있더라.

2006. 3. 25.

분매 온실 지붕에 쌓인 눈을 치우다

십이 년 만의 입춘 눈이
분매 온실 지붕 위에
눈 더미로 쌓여 있다

햇볕이 들어오질 않은
냉동고 같은 온실엔
조매(早梅)며 납월매(臘月梅)
꽃봉오리가
수줍은 소녀의
젖꼭지처럼 부풀어
오들오들 떨고 있다

숟가락질을 해도
목에 걸려 넘어가지 않고
뒤척이는 잠자리는
새벽 창이 밝았다

시체마냥 물 먹은 젖은 눈을
갯벌에 삽질하듯 치우고 나니
늙은이의 뼈마디는
으드득으드득

쥐구멍에 볕 들 듯이
따스해진 온기(溫氣)

매화는
내 맘을 알 것이다

이제야 발을 뻗고
잠을 잘 수 있겠다.

2013. 2. 5.

계당(溪堂)* 홍매

정송강(鄭松江)의
지팡이와 나막신이
쉬어가던 계당(溪堂)

시내 옆에 심었던
홍매(紅梅) 한 그루

가사문학 옛 명성
날로 높아 가는데

홍매 나이 삼백 오십
병들고 쇠약해져
죽을 것만 같아도

어찌하지 못하고
돌아선 발길.

2007. 3. 31.

* 계당(溪堂) : 계당은 정송강의 넷째 아들이 살았던 집으로 지금도 '송강선생장이지소(松江先生杖履之所)' 라는 하서(河西) 김인후(金麟厚, 1510~1560)의 친서로 된 편액이 걸려 있다. 수령 350년 된 이곳의 홍매는 줄기의 밑둥치를 심식충이 파먹어서 고사 직전에 놓여 있다. 송강의 16대손인 정구선 씨가 광주에 나가 살기 때문에 관리가 되지 않고 있어 갈 때마다 그대로 두고 돌아오는 마음이 아프기만 하다.

아내의 단발

나는 아내의 단발머리를
손수 잘라 준다
아내는 장미희 헤어스타일을 선호한다
얼굴이 '넙디디' 하다고 놀려댔더니
볼 쪽은 길게 해서 얼굴을 좁게 보이도록 하고
뒷머리는 약간 짧게 해 달라고 주문한다

나는 아내의 머리를 다듬어주기 위해서라도
아내보다 하루 더 살게 해 달라고 기도한다
사람들은 매화나무를 예쁘게 다듬어 기르듯이
아내의 머리도 참 곱게 만져 준다고 부러워한다.

2007. 12. 23.

■ 1983년 미얀마 아웅산 묘소 테러 사건 때 폭사, 순직했던 전두환 대통령 비서실장 함병춘 씨의 부인 심효식(沈孝植) 여사가 영전에서 울먹였던 말이 생생하다. "이제 내 머리는 누가 잘라줍니까." 나는 아내의 단발을 해 줄 때면 머리카락 한 올 한 올에 정성을 들여 만져준다. '넙디디' 는 단 둘이만 있을 때 부르는 별칭이기도 하다. 아내의 머리를 만져 주듯이 매화나무를 다듬어 준다.

납월매

금둔사 지허스님이
보내준 납월매(臘月梅)

섣달 추위에
볼이 붉어지더니

안개 젖은 이 아침엔
언 입술 벙글었다

남녘 하늘 아래
고향집 그리며…

2007. 3. 24.

제2부

매화를 찾아서

부여 동지매

백강변(白江邊)
부산서원(浮山書院) 앞

경술(庚戌) 장마에
죽은 동지매(冬至梅)

이백강(李白江) 혼을 좇아
대 이은 손자매(孫子梅).

2004. 3. 15.

■ 이조 17대 효종 때 영의정을 지냈던 백강(白江) 이경여(李敬輿, 1585~1657)가 청나라에 볼모로 잡혀 심양에 억류되어 있다가 풀려나면서 매화 한 그루를 가져와 부여 백마강변에 있는 부산서원 앞에 심고 '동지매'라 불렀다. 당시의 매화는 경술년(1910) 장마 때 백마강이 넘쳐 물에 잠겨 죽고, 지금은 백강의 후손들이 심은 손자매가 자라고 있다.

매화를 찾아서

옛날 선비들은
당나귀에 올라타고
시동은
주육묵(酒肉墨) 어깨에 메고
산속 선녀 찾아
답설심매(踏雪尋梅) 떠났다

맹호연(孟好然)이 건넜던 '파교(灞橋)' 는
양회다리로 변했고,
나는
산타페로 탐매 길을 달렸다

팔도강산 빗길 눈길
물어물어 삼만 리,

한 주 두 주 찾을 때마다
그 기쁨 하늘 끝에 닿았다

나라 안 모두 뒤져서
팔십오주 찾는데
팔 년 남아 걸렸다.

2009. 2. 10.

■ 옛날 선비들은 눈이 오면 산 속에 피어 있는 매화를 찾아 떠났다. 선비는 당나귀를 타고 시동은 매화를 찾으면 시를 짓고, 흥에 겨워 마실 술과 안주와 돗자리를 어깨에 메고 따른다. 중국의 왕조시대 때 수도였던 서안(西安)에는 파교(灞橋)라는 다리가 있다. 심사정이 그린 〈파교심매도〉는 맹호연이 당나귀를 타고 파교를 건너 심매를 나서는 그림이다.
나는 그 길을 따라 중국에 심매를 떠난 적이 있다. 파교는 지금은 넓은 콘크리트 다리로 변했고, 맹호연의 심매길을 찾을 수가 없어서 서안의 서남지역을 헤매다가 왔다. 나는 우리나라의 고매와 명매를 조사하느라 85주를 찾는 데 8년 정도 걸렸다. 그 가운데 5그루는 문화재청에 건의하여 천연기념물로 지정하였다. 봄만 되면 떠나는 나의 탐매 길에는 사랑하는 아내가 항상 동행하여 언제나 즐겁고 행복했다.

백양사 고불매

'한차례 추위가
뼛속까지 사무친 뒤라야
코를 찌르는
매화 향기 얻을 수 있다' *

황벽선사(黃檗禪師)는
생사해탈(生死解脫) 위해
정진하는
수행자들을
다그쳤다

향적전(香積殿) 앞 고불매는
백양사 스님들에게
참선의 길잡이가 된다.

2006. 11. 15.

* 不是一番寒徹骨　한차례 추위가 뼛속까지 사무친 뒤라야
爭得梅花撲鼻香　코를 찌르는 매화 향기 얻을 수 있다.

위 시는 황벽선사가 지은 시로서 불교에서 수행하는 스님들에게
정진을 다그치는 때에 인용한다고 한다.

매화 나목

언제나 머물러 있을 것만 같던
뚝뚝 떨어질 듯한 푸름이
몽고반점 궁둥이 애기 똥처럼
빛 고운 잎으로 살더니

갈바람 결에 우수수
이별처럼 흩날리고
시린 발 동여매곤
토굴마냥 차갑고 음산한
겨울 움막에
노숙인같이 찾아든다

매옹(梅翁)의 강직(剛直)한 성품
이 겨울 추위도 능히 이겨 내리

햇살 따스한 이월이 오면
새하얀 봉오리들 꽃 잔치 베풀리라.

2008. 11. 10.

매화를 기른다는 것

내 친구 명철이는
김 생산 전문가로
수협 조합장까지 했다

상업학교 나와서
은행원으로 일하다가
어느 날 갑자기
제 갈 길을 가야겠다고
사직을 하더니…

덕분에 김 가루
한 부대는 족히 얻어먹었다

"매화가 그렇게도 좋으냐?"
"응. 난 말이여 매화대통령이 될 거야."

배고프면 집에 들러
어머니가 걸러놓으신
막걸리 한 주전자 얻어 마시고
차비 아낀다고
자울재 넘어서 관산까지
걸어 다니곤 하더니

간이 굳어진 병 때문에
일찍 떠나가 버렸다

"네가 없는 매화대통령이 무슨
의미가 있을까만…"

오늘도 명철이 생각하면서
매화를 어루만진다.

1985. 10. 20.

■ 상고를 나온 명철이가 난데없이 관산 고향의 바닷가(소설가 이청준의 고향)에서 김 농사를 한다고 하더니 나중에는 아예 김 공장을 차렸다. 그는 어머니가 농주로 만드신 탁주를 좋아했다. 내가 없는 고향집에 자식처럼 드나들면서 어머니를 공경했다. 제법 이름난 어촌 후계자로 수산업협동조합 조합장까지 하더니 그놈의 술 때문에 그만….

매화나무 심식충

얇은 껍질을
파고 들어가
형성층 헤집어
수양분 도관을
잘라먹는
애벌레

송곳으로 뚫고
칼끝으로 파헤쳐
살충제 원액 넣어
맥을 못 쓰게 제압한다

미국이
오사마 빈 라덴 잡기보다 힘든…

2010. 4. 20.

매화꽃으로 변한 달빛

고매 둥치에서
사슴뿔처럼
새 가지가 돋아나더니
여름내 실하게
잘도 자라다가
눈 내리는 겨울날
오랜 지우 만난 듯
흰 매화꽃
송이송이
곱게도 피었다
매화가지 끝에
매달린 둥근 달
그 영롱한 달빛은
매화 등걸 속에서
흰 꽃으로 변하여
연신 피어난다.

2013. 3. 28.

불영매 앞에서

국화 밭이
지천으로 널려 있던
안양 북부동

늦가을 달빛이
꽃비처럼 쏟아지던
만안교 위에서

—생각한다는 것과
존재한다—는 것을
얘기하던 L

성균관대학교에서
사법고시 예비시험
치던 날

방송국에서
조퇴하고 찾아와

낙원식당
불고기 백반*으로
만찬을 나누고

창경원 돌담 길
두 손 잡고 걸었지

그해 겨울
성탄절 날 밤

연탄아궁이
자취방 아랫목에

곰팡이 냄새 나는
국방색 솜이불 펴놓고

냉동고 같은 방에
허연 입김 서렸어도

거룩했던 밤
진지했던 밤

하월곡동에서 눈 내린 종암천 따라
걸어서 정릉까지 바래다주었지

이듬해 가을 삭발을 결심하고…

사흘간 절집 삶을 살고 와서는

꽃피는 봄날 가마 타곤
수원으로 시집을 갔었지

그리움은 낙엽처럼
겹겹이 쌓여 갔지만
만날 기약은
정함이 없었다

어언 마흔다섯 해
고희를 훌쩍 넘기고 난
지금
불영매 꽃봉오리는
L의 보조개처럼
곱게도 피어오르고…

은은한 매화 향
그 하늘로 날려 보낸다.

2013. 3. 22.

* 불고기 백반 : 가난한 고학생 처지로는 좀처럼 먹어보기 힘들었던 시절, 당시 정동의 MBC 방송국에 다니던 그녀가 낙원식당에서 사준 불고기 백반.

■ 절화용으로 기르는 노지재배 국화 밭이 융단처럼 펼쳐져 있는 지금의 안양 2동, 서리 내리는 늦가을밤. 추운 줄도 모르고 가을 달빛이 창백하게 쏟아지는 만안교 위에서 데카르트의 철학을 논하던 그녀는 곰팡이 냄새 나는 자취방 아랫목에 깔아 놓은 솜이불 속 따뜻한 곳에 다리를 뻗고 추위를 이기려 했었지만, 웃풍이 심한 방 안에선 입김이 허옇게 서렸다. 그래도 우리는 마냥 즐겁기만 한 성탄절을 그녀가 가져온 포도주와 케이크를 나누며 보냈다. 그리고 내 자취방이 있던 하월곡동에서 그녀의 집이 있는 정릉까지 눈길을 걸어서 바래다주었다.
인도의 천축산(天竺山)과 같다고 하여 산 이름을 천축산이라고 하였고, 서쪽 산등성이의 부처님 형상과 같은 바위가 연못에 비치므로 불영사(佛影寺)라고 하는 여승들만 있는 절의 재무 담당 스님이 보내준 '불영매(佛影梅)' 가지를 접붙여 기른 분매가 곱게 피었다. 오늘따라 L과의 추억이 생생하게 떠오른다.

구구소한도*

동지 다음날부터
여든 하루 만에
기다리던 매화
곱게 피었건만,

온갖 백화와
어울리기 싫어
열흘도 안 돼
져버리는 걸까…

2002. 3. 2.

* 구구소한도 : 九九消寒圖. 동지로부터 81일이 지나면 매화가 핀다는 것을 상징적으로 나타내는 그림이다. 그렇게 기다림 속에 핀 매화는 개화기가 짧아 쉽게 져버린다. 온갖 꽃의 으뜸이요 우두머리가 되어서 뭇 꽃들과 천박스럽게 시새움을 하지 않는다. 선비들은 그러한 매화락(梅花落)을 더더욱 아쉬워하며 많은 시를 읊었다.

매화 눈접

시집 못 가
안달하던
외동딸

슬하(膝下)를 떠나던 날
생살 찢어낸 아픔
뉘 아리요

불볕더위
타오르던
한더위 보내고

입추(立秋)가 다가오면
한 점 매화 눈은
피붙이도 없는
객창(客窓)에 든다.

2012. 8. 16.

건청궁(乾淸宮) 고매

왜놈 낭인 칼끝에
가슴 찔린 민비(閔妃)

녹산에서 재로 변한
그 영혼 달래려

고종시와 짝한
고매 한 그루

이 봄도 화사하게
꽃은 피었건만

돌비처럼 차가운
한 서린 가슴아.

2008. 4. 3.

■1895년 10월 8일 새벽 3시쯤 새로 부임했던 일본공사 미우라 고로(三浦梧樓)의 지휘를 받은 아다치 겐조(安達謙藏), 오카모토 류노스케(岡本柳之助) 등이 인솔하는 약 70여 명의 흉도들이 고종황제의 편전인 건청궁에 들어왔다. 그들은 왕비의 침전인 곤녕전의 옥호루(玉壺樓)에 진입, 명성황후를 살해해 왕비는 45세를 일기로 세상을 떠나게 되었다. 왜놈들은 시체에 석유를 뿌리고 불에 태워 근처 녹산에 묻었다. 이것이 세계역사상 유일무이한 만행으로 남의 나라 왕비를 죽인 을미(乙未)사변이다.
건청궁은 2007년 5월에 한옥 250칸의 복원공사로 중건되었고, 당시 나는 건청궁 복원에 따른 조경자문위원 자격으로 문화재청 회의에 참석, 소나무와 매화나무 등을 심을 것을 건의하여 그대로 시행하였다. 고종은 감을 좋아했는데 당시의 감을 진상한 곳이 경남 산청이었다고 하며, 고종은 그 감을 '고종시' 라고 불렀다. 건청궁에는 산청군수가 감나무 한 그루를 기증하여 내가 제공한 매화나무 두 그루와 함께 심게 되었다.

매영지(梅靈芝)

옛날 천자(天子)가 어진 정치 펴고
왕(王)의 덕(德)이 초목에 미칠 때
매영지 버섯이 자라면
궁중에선 잔치를 벌이고
조정에선 대사면(赦免)을 내렸다

분매 줄기 둥치에
영지버섯 셋이 돋았으니
승로반(承露盤)*에 이슬 받아 끓여 마시고
매영(梅嶺)을 넘나드는 매선(梅仙) 되고파.

2010. 6. 20.

* 승로반(承露盤) : 한무제(漢武帝)가 이슬을 받아먹었던 소반.

■ 매영지 버섯은 좀처럼 보기 힘든 것이다. 그래서 옛날 중국의 천자는 매영지 버섯이 자라면 하늘의 축복이라고 하여 궁중에서는 성대한 잔치를 베풀고 죄수들을 사면하기도 했다. 불로장생의 식품이다.

매화 등걸 속에

거칠고 성근 가지
흰 매화꽃 피고

길게 뻗은 가지 끝에
둥근 달이 매달렸네

매화나무 등걸 속엔
무엇이 들어 있기에

저리도 쉬지 않고
연신 꽃을 피울까

아마도 달님이 몰래
숨어들었나 보다.

2003. 3. 28.

늦게 핀 매화

조매(早梅) 잦은 걸음
어느새 저만치

풍후매(豊厚梅) 더딘 발길
청명이 코앞인데

한 해를 기다려
피고 지는 몸짓에

남기고 간 사연일랑
밤하늘 별과 같아…

2006. 3. 20.

눈 속 녹악매(綠萼梅)

소복이 쌓인 눈
세상은 적막한데,

대낮 꿈속에서
소복(素服) 선녀 손짓에

화들짝 깨어 보니
녹악매(綠萼梅)가 벙긋

뼛속 파고드는
한기(寒氣)도 잊은 채

넋 잃고 꽃 주위를
맴돌고 있네.

2003. 1. 23.

■ 점심에 과식을 한 탓에 의자에 앉아 잠깐 조는 사이 예쁜 선녀를 만나는 꿈을 꾸었다. 언뜻 깨어 분매들을 둘러 보니 녹악매가 피기 시작했다.

눈보라 속 매화

눈보라 세찬 바람
언 발이 시리지만

단금지계(斷金之契)*를 지켜
향기로운 만남

빙골(氷骨)의 곧은 절개
백훼(百卉)의 제왕이라

만엽(萬葉)을 끌어안은
화해의 상징이여.

2006. 3. 28.

* 단금지계(斷金之契) : 쇠라도 자를 만큼 굳은 약속. 지극히 깊은 우정.

눈 속에 핀 매화

빙골(氷骨)이여 차가운 뼈대
앵두 같은 새아씨 수줍은 입술

안개 젖은 아침 햇살
옥을 쪼아 지은 듯 사랑스레
미소 지어 가슴 뛰게 하는 꽃

영혼 찬미하는 부동(浮動)의 천향(天香)
그 볼에 다가가 입맞춤한다

콧등엔 잔뜩 노란 꽃가루 묻혔으니
이 꽃 저 꽃 더듬어 벌 나비가 되어 볼까?!

2001. 1. 20.

남쪽 가지 매화꽃

기울어진 남쪽 가지
흰 매화꽃 피고

눈발 날려 쌓이니
하늘 아래 큰 복일세

차갑고 맑은 향기
속기 없는 한사(寒士)인 듯

청명한 밤하늘에
계수나무 달 떠오르면

매화꽃을 배회하다
환히 밝힌 아침이여!

2009. 3. 29.

제3부

녹악매

녹악매*

옥색 저고리 새하얀 치마
옥비녀 버선발

월궁전(月宮殿)* 항아(姮娥)*
달빛 타고 왔을 터

촛불 밝혀 잡고
수줍은 길마중

가슴은 콩닥콩닥
홍두깨질한다.

2003. 2. 20.

* 녹악매 : 꽃받침이 녹색이고 꽃잎이 백색인 매화, 퇴계 이황에게 기생 두향이 선물했던 매화.
* 월궁전(月宮殿) : 달 속에 있다는 전설 속의 궁전.
* 항아(姮娥) : 중국 고대 신화에 나오는 달 속에서 산다는 선녀.

납월매 피기를 기다리며

동지선달 한설(寒雪) 속
시린 가슴 쓸어안고
터벅터벅 눈길 위를
기—인 그림자
차갑게 끌고 간다

칼날같이 파리하던 입춘 추위도
꼬리 내린 똥개처럼 숨어들고
쌓였던 눈 녹아
동장군 눈물같이 흘러내리는데

저물어 가는 차가운 하늘엔
기러기 떼 줄지어

부풀은 봉오리 열릴 것만 같아
납월매(臘月梅) 언저리를 맴돌다
이 밤도 그냥
돌아선 발길.

2008. 2. 12.

작은 온실

빨간 벽돌집
단독주택 양지바른
벽체에 기대어
각목으로
작은 온실을 지었다

전세 사는 처지에
작은 분매들이
오들오들 떠는 것이
안쓰러워
집주인에게 사정하여
허락을 얻었다

오늘 밤부터는
솜이불처럼
포근한 잠자리에서
예쁜 꿈을 꾸겠지.

1973. 11. 27.

홍매 가지에

피 끓는 청춘이여
윤기 돌던
청엽이,

어느새
단풍처럼
곱게 물들어
져버린

앙상한 가지엔
꽃눈이 오뚝하다

용광로 쇳물인 양
뜨거운 태양 들이마시고

타오르는 열정으로
생명 불꽃 지폈지

흰 눈 소복이 쌓이거든
나부(羅浮)의 매선(梅仙) 맞아

시 한 수 읊으며
매향에 젖어 보리라.

2001. 11. 12.

매화꽃 잉태

한여름 날 오후
목화솜처럼
피어 오른
뭉게구름 속엔

전설처럼 매화꽃이
송알송알 하 많다

매화 꽃송이들
소나기로 주룩주룩
쏟아져 내리고

따가운 햇살
쨍하고
내리쬐면,

매화나무는
꽃눈을 만드느라
단꿀이 흐르고
신방 창문은
구멍이 숭숭.

2005. 8. 7.

청와대 매화

대통령 관저 앞에
녹악매를 심었다

천년을 살면서
요순(堯舜)시대*를 열고

소옹(邵雍)*이 말한 대로
매화꽃 다섯 잎이
화합과 평화의 상징 되어

통일 조국 이루어
천대를 이어가라.

2012. 11. 20.

* 요순(堯舜)시대 : 요(堯)는 중국의 신화 속 군주이다. 중국의 삼황오제(三皇五帝) 신화 가운데 오제의 하나이다. 다음 대의 군주인 순(舜)과 함께 성군(聖君)의 대명사로 일컬어진다.
* 소옹(邵雍) : 옛날 중국의 철학자이며 사상가였던 소옹(邵雍, 1011~1077)은 매화꽃 다섯 잎이 평화, 화해, 행운, 관용, 인내의 상징이라고 했다.

■ 2012. 4. 22. 서해 아라뱃길 자전거 대축제 때 서해 정서진 광장에서 매화동산까지 약 8㎞를 대통령과 함께 자전거를 타고 와서 점심을 먹고 난 뒤 이명박 대통령과 면담을 하는 자리에서 청와대에 매화나무 한 그루를 심을 것을 권유했더니 "꼭 한 그루 주십시오. 준비되는 대로 연락 주세요."라고 한 것이 여름이다. 잎이 다 진 다음에 옮기느라고 오늘에야 심게 되었다. 수령 약 30년생 녹악매다.

죽림정사(竹林精舍) 고매(古梅)

산수(傘壽)와 회혼(回婚)을 맞은
큰누님과 매형[姊兄]
잔치에 다녀왔다

사흘 밤을
베틀에 앉아

뜬눈으로
모시 베 한 필 짜서,

오일장에 내다
돈 사야 했던

고달프고
한이 된 시집살이

어느덧
종가의 마님 된

큰누님 별서(別墅)
죽림정사(竹林精舍)의

이끼 낀
노매(老梅)가 그립다.

2012. 9. 16.

■ 수원 백씨 종택 맏며느리로 열아홉에 시집가, 시조모로부터 층층시하에서 친정집 기둥이 네모가 아닌 둥근기둥이라는 것까지 시집살이의 대상이 되어 험난한 시집살이를 했던 큰누님이 팔순에 결혼 60주년을 맞이했다. 시아버님이 한문서당을 열어 후학을 가르치시던 죽림정사에는 오래된 노매가 있다.

새봄이 성큼

고매 줄기 속은
텅 비었어도

거칠고 성근 가지
나부끼는 수염

간일(簡逸)한 꽃송이
아침 햇살 머금고

그윽한 향내
잠든 영혼 일깨운다.

2009. 4. 2.

꽃집

청개구리에게는
푸르른 매화나무
잎사귀가 집이고
흘러가는 구름은
푸르른 창공이 집이고
까치에게는 은행나무
꼭대기가 집이고
박새들에게는
쥐똥나무 울타리가 집이고
들고양이 모녀에게는
분매 온실 처마 밑이 집이고,
매화나무 줄기, 가지는
매화꽃들의 집이다
태양계의 큰 별 어디엔가는
우리 집이 있다
집은
해진 운동화와
색깔 바랜 모자가 쉴 곳이고,
된장찌개처럼
구수한 이야기가 담긴 뚝배기이고
영혼이 편하게 쉬는 곳이다.

2007. 6. 8.

고매 둥치 새순

고매 둥치에서
새순 돋아나

우봉(又峰)* 월매*를
꼭 빼닮았다

가지 끝엔
듬성듬성
흰 매화꽃

어릴 적
한식 때 먹던
진달래 전병처럼

둥근달 가지 끝에
두둥실 떠오르면

춘궁기
무덤 같은 가난이
신음하는 배 속.

2001. 3. 25.

* 우봉(又峰) : 조선 중기 매화그림을 잘 그렸던 문인화가.
* 월매 : 우봉이 그린 매화도 가운데 대표작.

■ 봄철 춘궁기가 되면 가마솥에 산나물 한 광주리를 넣고 삶다가 흰쌀 한 사발을 넣어 끓이면 쌀 한 톨이 서너 배 정도나 퍼져서 나물 사이에서 벌레처럼 둥둥 떠다니던 산나물 죽을 쑤어 아홉 식구가 먹으면서 연명을 하던 내 어린 시절이 있었다.

고려청자 매죽문

천하 비색
고려청자

사색이 깃든
독창의 상감기법

십이 세기 주전자에
매죽문(梅竹紋) 또렷해

살아 있는 듯
매화가지
드문드문 흰 꽃

유구한 민족문화
길이길이 꽃 피워라.

2006. 11. 2.

■ 이화여자대학교 박물관이 소장하고 있는 12세기 고려청자 매죽문 주전자는 매우 귀중한 작품 가운데 하나다. 매화 줄기는 살아 있는 듯 싱싱하고 백매의 흰 꽃이 드문드문 피어 있다.

정당매

열두 살
통정공(通亭公)이
글공부할 때
손수 심은 매화,

정당(政堂)벼슬에 올라
다시 찾던 심회(心懷)

옛 임 기리는
순백의 다섯 잎.

1974. 3. 19.

이상 기온

2012년
3월 평년보다 추운 날 19일
4월 19년 만의 4월 눈
5월 104년 만의 가뭄
6월 105년 만의 평균 최고 기온 24.1도
8월 태풍 '덴빈', '볼라벤', '산바'
10월 15일 아침 기온 5도 평년보다 10일 빨리 옴
11월 2일 예년보다 18일 빠른 얼음
11월 10년 만에 가장 추운 11월
12월 5일 32년 만의 최고 적설량
12월 39년 만의 초특급 한파
12월 56년 만의 12월 한파
12월 9일 80년 만의 강추위
12월 영하 10℃ 이하 10일 이상 연속 추위
12월 28일 영남지방 60년 만의 폭설

2013년
1월 상순 32년 만의 한파
1월 하순 89년 만의 강수량
2월 4일 12년 만의 입춘 폭설
3월 9일 100년 만의 3월 더위
3월 21일 45년 만의 꽃샘추위
4월 10일 4월 눈
6월 105년 만에 가장 더웠던 6월

7월 1일 올해 들어 가장 더운 날 섭씨 34도
8월 6일 기상관측 사상 가장 긴 장맛비 오는 날 51일

2014년
5월 6일 아침 최저 7도, 대관령에는 27년 만에 눈발이 보임
7월 3일 27년 만의 늦은 장맛비
7월 28일 27년 만의 가장 짧고 비 적게 내린 장마 끝
10월 26일 단풍 절정
11월 14일 첫눈-예년보다 1주일 빠름
12월 1일 영하 8.2도-12월 6일까지 영하 6~7도유지
12월 18일 영하 13.2도 올 겨울 최저기온

2015년
3월 1880년 관측 이후 가장 더운 3월
6월 10일 107년 만에 가장 더운 34.9도

매화나무는 오늘도
쇠심줄마냥 질긴 생을 살아간다

분만실 산모처럼.

2015. 6. 10.

■ 매화는 1980년대 평균 4월 20일에 개화했지만 2000년대에는 평균 3월 26일로 25일 앞당겨 꽃을 피웠다. 이상 기온으로 개화기가 앞당겨진 것이다.

할머니 같은 노매(老梅)

백네 살 큰댁 할머니가
돌아가셨다

조문객 끊어진
늦은 밤

상방(喪房) 문 걸어 닫고
병풍 뒤에 모셔진

관(棺) 속 할머니와
나란히 누웠다

해진 무명베 치마폭 속에
보리쌀 서너 되 숨겨와

가난한
둘째 아들

어린 것들 주린 배
채워 주라시던…

할머니 머리칼처럼
은백색으로 핀 노매(老梅)

할머니를 그리며
청빈(淸貧)을 아낀다.

1993. 3. 15.

■상가는 언제나 복잡하다. 그래서 아무도 들어오지 않은 할머니의 관이 모셔진 상방에 조용히 들어가 문을 닫고 누워 잤다. 할머니 품속처럼 따스했다. 둘째 아들을 유명한 한학자에게 유학까지 시켜서 양갓집 규수에게 장가보내어 마당벰이와 고마청(살림 날 때 할아버지에게서 물려받은 기름진 논배미 이름) 옥답 등 좋은 살림을 차려 주었건만, 젊어서부터 자동차사업, 제과공장을 하면서 돈 생기면 밤낮으로 "삿갓집"이라 부르던 기생집에 들어 앉아 그 좋았던 살림 다 없애고 보릿고개를 넘기느라 힘겨워하는 손자들의 끼니를 때우게 하시려고 할머니는 보리쌀 자루를 치마폭 속에 연신 숨겨 와서는 안타까운 마음으로 늘 한숨만을 내쉬곤 하셨다.

황금매(黃金梅)

황금빛 꽃술
달고도 보드란 향기

고야산(姑射山)* 매선(梅仙)이
당도했나 봐

백화(百花)와 함께 섞여
피기 싫어서

풍설(風雪) 속 홀로이
곧은 절개 지켰네.

2002. 3. 24.

* 고야산(姑射山) : 신선이 살았다는 산으로, 지금의 중국 산서성(山西省) 림분현(臨汾縣) 서쪽에 위치한 석공산(石孔山)을 말한다.

제4부

꽃의 제왕 매화

화엄사 장육매(각황매)

계파성능(桂波 性能) 스님
주선으로
화주승(化主僧)된 공양주(供養主) 스님

숙종(肅宗) 임금 시주 받아
각황전(角皇殿) 중건하고
수식(手植)한 매화,

우봉 조희룡이
서권기 문자향(書卷氣 文字香)을
불긍거후(不肯車後) 신념으로,

수예론(手藝論) 주장하며
그려냈던
〈장육매화(丈六梅花)〉

그 화매 빼닮아
붉고도 난만(爛漫)하다

고운 자태 짙은 향기
중생화엄(衆生 華嚴) 이루리라.

1997. 3. 26.

■ 신라 문무왕 17년(서기 677년) 의상조사(義湘祖師, 625~702)가 각황전 사방 벽에 화엄경을 돌에 새기고 법당 안에는 장육황금입불(丈六黃金立佛)을 모셨으나, 어느 때인가 폐허가 되어 버렸고, 조선조 후기에 와서야 계파 성능(桂波 性能) 스님이 장육전의 중건을 도모하게 되었다.

어느 날 꿈을 꾸는데 한 신인(神人)이 나타나 커다란 불사를 시작하려면, 복 있는 화주승(化主僧)을 골라 많은 시주(施主)를 받아 와야 하는데, 그렇게 하려면 특별한 방법을 써야 한다고 했다. 즉 물을 담은 항아리와 밀가루를 담은 항아리를 준비한 다음, 물을 담은 항아리에 먼저 손을 넣은 다음 밀가루를 담은 항아리에 손을 넣어서 밀가루가 묻지 않은 사람을 화주승으로 삼으라고 했다. 이튿날 스님들을 불러 모아놓고, 간밤의 꿈 이야기를 들려주면서, 물 항아리와 밀가루 항아리에 차례로 손을 넣게 하였으나, 손에 밀가루가 묻지 않은 스님이 나타나지 않았다. 마지막으로 남은 사람은 공양주(供養主) 스님 뿐이었다. 모두 숨죽이며 지켜보는 가운데 공양주 스님이 밀가루 항아리에 손을 넣으니 밀가루가 묻지를 않았다. 감격스러워 하던 모든 스님들이 공양주 스님을 향해 삼배(三拜)를 일제히 드렸다.

이러한 광경을 지켜보고 있던 계파 성능 스님이 '그대가 10년 동안 어려운 일을 묵묵히 맡아서 해 왔던 복력(福力)이 이적을 나타내고, 화주승이 되었다. 이것은 네가 하고자 해서 된 것이 아니라, 지리산의 주인인 문수보살(文殊菩薩)이 택한 것이므로, 나와 더불어 불사를 도모해야 할 것이니라.' 라고 하였다.

절에서 밥 짓는 일만 해 왔던 그로서는 여간 걱정되는 일이 아니었다. 부처님께 나아가 간절히 기도를 드리고 있는데, 비몽사몽(非夢似夢)간에 문수보살이 나타나 이르기를 "걱정하지 마라, 잠에서 깨거든 곧 바로 길을 떠나, 맨 처음 만나는 사람에게 시주를 권하여라."라고 말했다.

다음날 아침 공양주 스님은 일어나자마자 일주문을 나섰다. 얼마쯤 내려갔을까 허름한 차림의 노파 한 사람이 서 있었다. 그는 절에서 잔심부름으로 시중하면서 남은 음식이나, 누룽지 등을 얻어먹는 사람이었다. 스님은 그에게 말했다. "오, 대시주이시여 장육전을 지어 주소서." 하면서 절을 계속했다. 농담으로 여기던 노파가 스님의 진지한 태도에 놀라, 자신의 가난함을 탓한 나머지 "이 한 몸 죽어서 불사를 이루리라." 하고는 깊은 소(沼)에 몸을 던졌다. 화주승은 놀랍고도 겁이 나 그길로 멀리 도망을 쳤다.

한동안 지난 후에 그는 한양에 도달하였고, 화창한 봄날 궁전 앞을 지날 무렵 유모와 함께 바깥나들이를 나온 공주와 마주치게 되었다. 처음 보게 된 스님인데도 '우리 스님' 이라며 누더기 옷자락을 잡고 매달린 것이 아닌가. 이 공주는 태어날 때부터 바른손을 펴지 못하는 장애인이었다. 그런데 화주승이 공주의 손을 잡는 순간, 지금까지 한 번도 펴 보지 못했던 바른 손이 펴지면서 손바닥에는 '장육전' 이라고 쓰여 있지를 않은가. 소식을 전해들은 숙종(1661~1720) 임금은 스님을 불러 자초지종 이야기를 듣고 나서, 장육전의 중수를 위한 시주를 하사했다. 그 후 4년 동안의 불사 끝에 숙종 28년(서기 1702년)에 완공이 되자, 숙종(肅宗)께서는 '각황전(角皇殿)' 이라는 현판까지 내려 주셨다.

이 아름다운 이야기와 뜻 깊은 불사를 기념하기 위하여 계파 성능 스님은 홍매 한 그루를 심게 되었고, 이 매화를 각황전에 모셔진 석가모니불, 아미타불, 다보불을 상징으로 삼불화(三佛花)라고도 하고, 장육매(丈六梅), 각황매라 부르기도 한다. 유난히도 꽃빛이 핏빛처럼 빨간 이 홍매는 홑꽃잎으로 핀다. 300년생이다.

매실(梅實)

한때
영화롭던 꽃 잔치
휘장을 걷고 나면

벌 나비
헐떡이며 힘겨운
날갯짓

핏덩이 잉태되고
씨방이 자라
순수의 자식으로 태어나

귀밑 솜털
뽀송한 민얼굴

소만(小滿) 때 되면
도사리*들은
운명처럼 먼 길 떠나고

보드란 새색시 젖가슴인 양
토실한 황금빛 사자(嗣子)*들
긴 여로 향해 간다.

2002. 6. 25.

* 도사리 : 열매가 자라다가 떨어진 것.
* 사자(嗣子) : 대를 이을 자식들.

아내가 성경 쓰듯이

아내는 날마다
성경 쓰는 일이 일과 중 제일이다
신 · 구약 66권 1,189장, 31,173절
69명이 1600년 동안 기록한 1,322,531자를
세 번째 필사본으로 다 써 간다

나는 매화를 기르면서
아내가 성경을 쓰듯이
한 그루 한 그루를 매일 살피며
줄기며 가지들을 정성스레 다듬고
가꾸어 간다

분매는 내 발자국
소리를 들으며 자란다

매화는 진실하다
만져 주는 대로 자라고 커간다
추위는 이겨내고
더위는 참아낸다.

2013. 1. 27.

■ 아내의 유일한 일과는 성경 쓰는 일이다. 지구촌교회(이동원 원로목사, 담임목사 진재혁) 권사로서 말씀대로 살기를 소망한다.

꽃의 제왕 매화

화창한 봄날
뭇 꽃들과 울긋불긋
시새움하기 싫어

눈 얼음 제치고
봄을 깨워 와서는

백훼(百卉)를 거느린
꽃의 제왕 되었구나

군왕의 높은 뜻
온 누리에 펼쳐

혼탁한 세상
태평성대 이루었으면…

2006. 3. 22.

임 찾아 예 왔는가?

분매 시렁 위에 곱게 핀 매화
향기 짙으니 더욱 사랑스러워
눈보라 휘몰아치는 엄동설한에
추위도 잊은 채
임 찾아 예 왔는가?

2003. 2. 10.

수양홍매

욕심이나 이기심
털어버리고

머리 숙여
땅만 보는
겸손함이여

퇴도(退陶)의
속내를 알 것 같아

고개 들어
네 속을 들여다본다.

2005. 3. 17.

가고시마(鹿兒島) 홍매가 꽃을 피웠다

활화산 타오르던
사쿠라지마(櫻島)에서
처음 만났던 꽃

낯선 땅 가고시마(鹿兒島)를
허투루 찾아 구하였건만

마침내
구마모토(熊本)에서 얻었다

비행기 타고 세 주 가져와
온실 화분에 심었더니

한겨울 추위 못 이겨
두 주는 고사하고

애지중지 돌본 남은 그루가
검붉은 빛으로 꽃을 피웠다

제 고장에서보다
더 붉고 선명하다.

2008. 3. 22.

■ 일본의 사쿠라지마(櫻島)에서 처음 가고시마 홍매를 보고 나서 밤잠을 설치다가, 가고시마(鹿兒島)에서 홍매를 구하려고 애썼으나 구하지 못하고 마침내 구마모토(熊本)를 여행하던 중에 가고시마(鹿兒島) 홍매를 파는 묘목상에서 유달리 웃음이 많은 아주머니에게서 구입하게 되었다.

대명매*

희종황제(熹宗皇帝) 손수 내린
분매 한 그루

용봉(龍鳳) 터전에
대명매(大明梅)로 자랐다

망월동에 잠든
충장로 함성이

선지피 빛으로
피어나는 이 봄.

2007. 3. 28.

* 대명매 : 1621년 중국 명나라에 진문사서장관으로 갔던 고부천이 희종황제가 준 매화분재 한 분을 가져와 땅에 심고 '대명매'라 부르기 시작했다. 지금은 전남대학교 입구에 있으며 광주민주화의 함성을 묵묵히 지켜 주었다.

선암매*

조계산 선암사
팔상전 축대 위에

육백 살을 줄기 속에
나잇살 쌓아온,

청랭하고 강직함이
지허스님 닮았고

이 땅 매화 중에
우두머리로 꼽는다.

2007. 11. 20.

* 선암매 : 천연기념물 제488호(2007. 11. 26 지정.) 우리나라에서 완전하게 살아 있는 매화로는 가장 오래된 고매(古梅)다.

봄바람

헐렁한 바지 새로
파고든 송곳바람

매화가
추위 타면

덩달아
오한을 느낀다

엄동설한
견디고 나면

매향은 깊숙이
가슴속 파고들겠지

바람이여
봄바람이여
불어오려무나.

1974. 1. 13.

■ 칼바람 속 분매 온실에서 매화가 추워하면 나도 함께 추위를 이겨 내야만 한다. 매화에 대한 예의다. 온실에서 매화를 다듬으면서 매화와 함께 하이든의 오라토리오 〈사계(The Seasons)〉 가운데 제1부 봄에 대한 곡을 듣는다. 모두 8곡으로 이루어진 가운데 제1곡 서주와 레치타티보는 "추운 겨울이 지나고 산들바람이 남쪽에서 봄소식을 전해 온다"고 노래하기 시작한다. 다음 제2곡은 합창으로 "아늑한 봄날이여"를 노래한다. 하이든의 노래처럼 따스한 봄이 속히 와 주기를 매화와 함께 기다린다.

미인매(美人梅)

화정지서 목욕한
양귀비 귓불 같고

서시빈목(西施嚬目)
반개(半開)한 눈

천향국색(天香國色)
초선(貂蟬) 닮은
연분홍 속치마

왕소군(王昭君) 비파소리
나는 기러기 떨어진다

모두가 가지지 못한 것
모두 다 가지고

이름까지 미인매라 부르는
연둣빛 꽃 볼이여!

2001. 3. 13.

■ 중국의 4대 미인 가운데 한 사람인 양귀비가 당태종 이세민이 만들어 준 화정지에서 목욕을 하고 난 뒤의 아름다움은 대단했다고 한다. 서시는 눈을 찡그리는 것이 매력적이었으며, 초선의 분홍빛 속치마는 수많은 남성들로 하여금 오금을 펴지 못하게 했다고 하며, 왕소군이 말 위에서 켜는 비파소리를 듣고 날아가던 기러기가 땅에 떨어졌다고 한다. 이러한 미인들의 매력을 모두 갖춘 꽃이 미인매다. 개화기가 다소 늦은 것이 흠이라면 흠일까. 하지만 느긋한 모습으로 애매가들의 가슴을 조이게 하는 매력과 달고도 보드라운 향기는 참으로 일품이다.

무한동호매원 매우동상 앞에서

— 조수변 선생을 생각하면서

겉으론
꼿꼿하고
냉담해 보여도

속사람은
자상하고
온유하셨던

무한 땅에
와 주기를
그렇게 고대하셨던

조수변(趙秀邊) 선생님 동상 앞에
때늦은
문상을 드리다

손수 가꾸셨던
수백 가지 매화들
올 봄도 곱게 피어나건만

인자한 가르침
그리워지는 이 봄.

2005. 2. 3.

■ 매화 육종의 대가였던 조수변(1914~2003) 선생은 중국에서 가장 많은 매화품종을 보유하고 있는 '동호매원'의 설립 및 총책임자였다. 평소 번식에 대하여 많은 것을 가르쳐 주시려고 무던히도 애를 써 주셨었다. 2001년도에는 내가 무석에 갔을 때 공항에 마중 나올 차량 편과 호텔까지 예약해 놓고 무한에 와 달라고 하였으나 겨울바람이 세차게 부는 바람에 열악한 중국 국내선 항공기 타기를 싫어했던 아내 때문에 부득이 가지 못했다. 2003년 10월 선생께서 세상을 떠나신 후에야 무한에 가게 되었고 동호매원 안에 있는 '매우동상(梅友銅像)'—세계적 매화의 권위자 북경임업대학교 진준유 교수와 함께 세워진 동상—앞에서 선생을 기리는 묵도를 올렸다.

매화당 고매

푸른 물결 출렁이는
청보리밭 끝에서

활 모양 구부러진
돌담 길 따라

병풍 같은 대밭 앞에
이끼 낀 기와집

황토 한지로
벽, 천장 바르고

쪽마루 대청엔
투박한 원목 찻상

한과에 녹차 마시며
분홍 고매(古梅) 얘기한다

새마을 사업할 적에
마을 안길 넓히느라

굵은 뿌리 잘려나가
가슴 조였건만

토종처럼 살아남은
질기고 당찬 삶.

2002. 5. 15.

■ 담양의 대덕에 있는 유＊＊ 씨 집을 '매화당'이라고 작명해 주었다. 매화 한 그루 때문에 시골집을 장만하여 취향대로 고치고 새마을 사업으로 잘려 나갈 처지에 있던 매화나무를 오늘날까지 지켜온 사연이 눈물겹다.

매화 오는 길목에서

오대산 골짜기 에돌아
동해로 흘러든 남대천,
갓난이 고추만 했던 치어가
베링해협까지 갔다가
여남은 배나
몸집을 불려서는
수천 개 알을 밴 채
만삭의 몸으로
1만 7천 킬로를
숨차게 달려 옛 터에 찾아와
자갈더미에 핏덩이를 낳고
새까만 숯처럼
주검을 맞이한 연어를
텔레비전에서 보았다

목도리로 한기 추스르고
잿빛 저문 하늘에
갈가마귀 떼 지어 나는
갈대 우거진 뚝방에서
마파람 앞세워
사나래* 짓으로
옛 피웠던 꽃가지 찾아드는

매화를 마중해 본다
엉뚱하게.

2004. 11. 20.

* 사나래 : 천사의 날개.

■ 텔레비전에서 남대천에 연어가 돌아오는 것을 보면서, 해마다 잊지 않고 찾아온 매화를 올해에는 새삼 일찍 맞이하고 싶다는 엉뚱한 생각을 해 본다.

매화꽃 지는 밤

서해바다에 석양이
숨어드는 것을 보며

인덕원(仁德院) 풍후매가
지는 것을 보면

가지지 못한 것
오르지 못한 것

채우지 못한 것
알지 못한 것,

원망할 가슴도
탓하고픈
생각도 없다

바람결에 나부끼는
허망한 연기인 것을

지는 매화는
또
한여름 태양을

뜨겁게 끌어안고
눈길로 사뿐히
오게 될 터이다.

2010. 3. 26.

도지매(桃枝梅)

도지매(桃枝梅) 활짝 피어
아내처럼 화사하고

은은한 매향
영혼 위무(慰撫)하는데

매서운 북풍은
쉴 새 없이 휘몰아치고

갈 곳 잃은 산비둘기
언 발이 시리다

매운 추위도 이겨 왔기에
한해(寒害)로 몸 상할까 염려는 없지만

눈물처럼 꽃잎이 떨어질 때면
몸서리쳐지는 이별이 슬프기만 한 밤.

2000. 2. 27.

돼지국밥

매화 보러 담양 가면
기어이 창평에 들른다
장터 '원조국밥집'

염통이며 간 등을
듬뿍 말아 준다
새콤달콤 깍두기
우두둑 씹어 먹는 맛이라니

참새 방앗간 지나치지 못하듯
다른 고장 탐매 길에도
우정 시장 고샅을 돌고 돌아
너도 나도 원조집이라고
악을 써대는 간판들을 피하여,

아들 며느리 데리고
이 대째 운영하는 원조본가를
처갓집 찾아가듯 한다

나는 돼지국밥이 서민적이라 좋다
머리고기 한 접시 추가하면,
내 생에 삼일은 부러울 것이 없다.

2006. 3. 20.

매화시론(梅花詩論)

— 안형제 제1시집『내 마음에 매화를 심고』평설(評說)

이 수 화
(국제펜클럽 · 한국문인협회 원임부이사장, 한국문학비평가협회 회장)

마침내 매촌(梅村) 안형재 시인(梅村은 안형재 시인의 아호)의 애매(愛梅) 불혹 40여 년간 풍찬노숙도 마다하지 않을 그의 매화시집(梅花詩集)이 상재된다. 매화나무 나이 2~3백년생 뜰매화(庭梅) 90여 그루와 140여 품종의 매화나무 약 2,000여 그루, 그리고 최고 수령 450년생을 비롯한 분매(盆梅) 361점을 길러 온 애매지성(愛梅至誠)의 문자탑(文字搭)이다. 그 66편의 매화시가 시인의 마음에 아로새긴 분매 사연 아니고도 매촌은 애매가로서의 발자취도 아름답다. 매촌 안형재 시인이 처음 매화를 만난 때는 봄철 춘궁기 보릿고개가 연중행사처럼 찾아들던 시절, 가마솥에 산나물 한 광주리를 넣고 삶다가 흰쌀 한 사발을 넣어 끓이면 쌀 한 톨이 매화송이처럼 퍼져서 산나물죽 사이에서 벌레처럼 둥둥 떠오르던 매화죽(梅花粥)을 쑤어 아홉 식구가 허기져 맥령(麥嶺)을 넘던 어린 시절이었다.(아래 행두 번호는 평설용)

①
고매 둥치에서
새순 돋아나

우봉(又峰) 월매를
꼭 빼닮았다

가지 끝엔
듬성듬성
흰 매화꽃

어릴 적
한식 때 먹던
진달래 전병처럼

둥근달 가지 끝에
두둥실 떠오르면

춘궁기
무덤 같은 가난이
신음하는 배 속.

—「고매 둥치 새순」 전문

②
복(伏)날 같은 때 영재(寧齋)의
매화시(梅花詩) 읽으면
가슴 되레 서늘해진다네

〈버들이 가늘어서 실이랍디까
무엇으로 오는 설[祖] 꿰매어 입고

매화(梅花)가 희어서 쌀이랍디까
무엇으로 오는 빈 밥솥 앉힌다지요〉

역자(譯者) 서여(西餘) 선생이
영재부인(寧齋夫人)의 바가지 긁는 소리가
금세라도 되살아 올 듯하다 한,

자본주의 시대 영혼(靈魂) 속까지 시원한
한말(韓末) 큰 선비의
매화시(梅花詩).

— 이수화, 「매화시(梅花詩)」 전문

예시(例詩) ①은 매촌 매화시(梅花詩)고 ②는 필자의 시인데 두 시 모두 가난, 극기의 정신경계(淨神境界)가 뚜렷해 병치 예거하는 바 ①의 이미지즘(物質詩, Physical Poetry) 향연은 시인의 모더니즘시 솜씨가 살아 생동하는 듯하다. 고매(古梅) 둥지에 새순 돋아 흰 매화가지 끝에 듬성듬성 진달래 전병 같은 둥근달 가지 끝 두둥실 떠오르는 춘궁기 무덤 같은 가난—에 이르면 이 시의 압도하는 백색(白色)의 굶주림(白梅, 滿月)이 불러오는 아사(餓死)의 공포와 둥근달의 배부른 포만에의 그리움이 상징하는 이미지는 절창(絕唱)이다. 이에 비해 예시 ②는 필자(해설자)의 시라서 논급이 가당치 않으나 청빈했던 한말 대선비 이건창(寧齋, 1852~ 1898)의 공교(工巧)함을 멀리하고 율려(律呂) 전에 연정(緣情)을 근본으로 해 평담(平談)한 시를 자주적으로 읊은 정신의 높은 경지를 사모해 예거함이다. 결국 인간의 곤궁함, 굶주림 따위도 정신의 높은 차원 앞에선 한낱 검부락지가 아닌가 한다. 매화(梅花)가 그러하므로 고매(古梅)는 더욱 그러해 여기 매촌 안형재 시인의 매화연(梅花緣)은 꼭 짚고 넘어가야 할 터이다.

백네 살 큰댁 할머니가
돌아가셨다

조문객 끊어진
늦은 밤

상방(喪房) 문 걸어 닫고
병풍 뒤에 모셔진

관(棺) 속 할머니와
나란히 누웠다

해진 무명베 치마폭 속에
보리쌀 서너 되 숨겨 와

가난한
둘째 아들

어린 것들 주린 배
채워 주라시던…

할머니 머리칼처럼
은백색으로 핀 노매(老梅)

할머니를 그리며
청빈(淸貧)을 아낀다.

—「할머니 같은 노매(老梅)」 전문

매촌이 매연(梅緣)을 맺게 된 이 기막힌 사연은 아무도 엄두를 못 낼 가연(佳緣)이었다. 매촌이 평생을 동양 3주를 다 섭렵하는 애매가로 살아 한국매화연구가의 태두로 유명해진 정신적 바탕이 된 것이 이 큰댁 할머님 장례 인연이 아닐 수 없기 때문이다. 그는 그 엄숙하고도 애정 깊은 할머님 상청 뒤에 차차 사위어가는 할머님 유현(幽玄) 곁에서 참으로 할머니의 고매(高邁)하신 은백색 머리칼로부터 저 아름다운 노매(老梅)의 진정한 청빈(淸貧)의 매향(梅香)에 취할 수 있었던 것이다. 그리하여 매촌은 평생 무수히 많은 기념매 식수를 감수했으니, 1895년 10월 8일 일본 공사 미우라 고로(三浦梧樓)와 아다치 겐조(安達謙藏) 등의 흉도들에게 명성황후가 시해 당한 경복궁 건청궁(옥호루)이 복원될 때 조경자문위원이 되어 매화나무와 소나무 식수를 건의해 이를 성사시

켰다. 시인의 할머님 은백색 머리칼 핀 노매(老梅)의 향훈 어린 인륜의 뜨거움이 꽃핀 일이기도 한 것이다.

이 경복궁에 이웃한 청와대에도 매촌 시인의 매화가 피는데 2012년 4월 서해 아라뱃길 자전거 대축제 때 대통령(이명박)과 자전거를 달린 후 오찬 중에 녹악매 식재를 권유해 이 또한 성사되었다. 이 수령 30년생 녹악매를 두고 중국 사상가 소옹(邵康節, 1011~1077)이 다섯 잎 매화는 평화, 화해, 행운, 관용, 인내의 상징이라 했으니, 동서고금 이 꽃을 사랑하지 않는 사람 어디 있으랴. 사람의 아름다움이 다 이 꽃에 담겼으니 매촌의 매화시는 결코 문장의 수사(修辭)나 공교한 율려의 높낮음에 구애됨이 전혀 없음을 이제부터 열어보되 저 청와대매 한 수는 특히 기념으로 적어서 살펴본다.

대통령 관저 앞에
녹악매를 심었다

천년을 살면서
요순(堯舜)시대를 열고

소옹(邵雍)이 말한 대로
매화꽃 다섯 잎이
화합과 평화의 상징 되어

통일 조국 이루어
천대를 이어가라.

—「청와대 매화」 전문

위 「청와대 매화」가 매촌의 기념식수로 우뚝한 존재임에 비해 다음에 보는 대명매와 선암매는 그 수령이나 분매(盆梅)로 국경을 초월해 기억할 만한 유명매들이다.

희종황제(熹宗皇帝) 손수 내린
분매 한 그루

용봉(龍鳳) 터전에
대명매(大明梅)로 자랐다

망월동에 잠든
충장로 함성이

선지피 빛으로
피어나는 이 봄.

—「대명매」 전문

조선조 1621년 고부천은 진문사서장관으로 명나라에 있다가 희종황제로부터 매화분재 한 분(盆)을 받아와 땅에 심었다. 그 매화가 지금은 전남대학교 입구에 특별히 가다듬는 이 없이 장성해서 고매(古梅)가 되었는데 광주민주화 함성을 묵묵히 함묵하고 있는 그 이름도 밝디밝은 대명매(大明梅)다. 갈 곳 없던 분재매(盆栽梅) 신세지만 그 강직한 성품으로 한설을 지켜내 오늘은 광주민주화의 곧은 정신을 표상하고 있다. 시인이 제(題)하여 대명매(大明梅)다.

덧없는 인간세(人間世) 대명황제인들 무엇 하나, 애오

라지 황제의 피울음이래도 가슴에 스몄으랴. 실제 망월동 충장로 함성은 그날의 피울음 색, 빛깔도 선연하게 선지피 빛 하염없이 붉구나.

우리나라 매 중에서 완전하게 살아 있는 매화로는 가장 오래된 고매(古梅)가 있으니 2007년 11월 26일 천연기념물 제488호로 지정된 선암매가 있다. 조계산 선암사 팔상전 축대 위에 아, 무려 600년이나 된 선암매다. 매촌이 제사(題詞)하되,

조계산 선암사
팔상전 축대 위에

육백 살을 줄기 속에
나잇살 쌓아온,

청량하고 강직함이
지허스님 닮았고

이 땅 매화 중에
우두머리로 꼽는다.

—「선암매」 전문

아, 무려 6백년, 6백살이라니 선초(鮮初)나 여말생(麗末生)이로구나. 고승(高僧)을 닮았어도 그 향내부터 천지간에 진동해 오니 아니 가 봐도 피구름 일던 여말선초 풍운 역사 듬뿍 품은 선암매로세. 이리도 기나긴 역사 그 풍진 매운바람 속을 어찌 견뎠으랴 짚어 보니 시

인은 우리나라에서 완전하게 살아 있는 매화로는 이 선암매가 가장 오래된 고매(古梅)라 이른다.

그렇다면 매화가 이렇게 고매가 될 때까지 무병장수가 있을까 싶어 묻고 싶다. 매촌의 화답시다. 멋지다, 특히나 후말 두 행이 세계적이다.

얇은 껍질을
파고 들어가
형성층 헤집어
수양분 도관을
잘라먹는
애벌레

송곳으로 뚫고
칼끝으로 파헤쳐
살충제 원액 넣어
맥을 못 쓰게 제압한다

미국이
오사마 빈 라덴 잡기보다 힘든…

—「매화나무 심식충」 전문

이 한 편이 매촌 시옹의 애매시 평생의 정로(精努)가 오직했으랴 싶기만 해 눈시울에 안개가 서린다. 그런데 여기 또 한 편의 매촌애사(梅村哀史)가 있으니 어찌 함께 감루(感淚)치 않고 베개 베고 누우랴.

국화 밭이
지천으로 널려 있던
안양 북부동

늦가을 달빛이
꽃비처럼 쏟아지던
만안교 위에서

—생각한다는 것과
존재한다—는 것을
얘기하던 L

…(중략)…

그해 겨울
성탄절 날 밤

연탄아궁이
자취방 아랫목에

곰팡이 냄새 나는
국방색 솜이불 펴놓고

냉동고 같은 방에
허연 입김 서렸어도

거룩했던 밤
진지했던 밤

하월곡동에서 눈 내린 종암천 따라
걸어서 정릉까지 바래다주었지

이듬해 가을 삭발을 결심하고…
사흘간 절집 삶을 살고 와서는

꽃피는 봄날 가마 타곤
수원으로 시집을 갔었지

그리움은 낙엽처럼
겹겹이 쌓여 갔지만
만날 기약은
정함이 없었다

어언 마흔다섯 해
고희를 훌쩍 넘기고 난
지금
불영매 꽃봉오리는
L의 보조개처럼
곱게도 피어오르고…

은은한 매화 향
그 하늘로 날려 보낸다.

—「불영매 앞에서」 일부

예시 「불영매 앞에서」에는 매촌이 고학생 때 만난 L이라는 여인(방송국 여직원)과 불영매 가지로 접붙여 기른 분매(盆梅)(이야기는 거의 없다) 사연과 애절한 연애사가 그려지고 있다. 시에 보이는 시간과 공간이 필자(평설자)와 유사해서 나는 더없이 감정이입이 공교롭다. 호흡도 넉넉하고 40여 년 전 추억담을 매우 질서 있게 구성한 솜씨는 장시나 연작시의 내러티브 포에트리(敍述詩) 창작 실력자에 손색이 없다. 따라서 예시의 스토리텔링이 기막히고 그 선택된 언어의 실상 또한 리얼리티와 암시 효과가 탁월하며 그 시적(詩的) 감정의 강약 조절이 절묘하다. 늦가을 달빛이 "꽃비처럼 쏟아진다"거나, "—생각하는 것과/ 존재한다는—" 것을 이야기했다는 여인의 지적 수준, 방송국 여직원이라는 그 로맨티시즘과 삭발과 "꽃 피는 봄날 가마 타고 시집을 갔었지"에 얽힌 이별의 애사(哀史), 여인의 불영매 꽃봉오리같이 피어오르던 보조개와 같은 컨시이트의 제시는 이 시의 서사성에 크게 기여하는 시인의 뛰어난 문학성 소산이 아닐 수 없다. 어쨌든 이 시가 이번 시집 상위 그룹에 손꼽히는 매헌시 명작품 중 하나이다. 애달프고도 오랜 여운을 지닌 이 시의 매화를 소재로 한 플라토닉 러브스토리는 얼굴에 불영매 꽃봉오리 같은 보조개가 피어나는 여인이라는, 시로서는 참으로 창조해내기 어려운 인물 창조라는 특성까지 지니고 있다. 여기 울진 천축산 비구니 스님만 거주하는 불영사(佛影寺) 재무담당 스님이 보내준 불영매(佛影梅) 가지를 접붙여 기른 분매(盆梅)가 슬며시 규시 미혹을 꼬드긴다. 이런 매화가 세상에 어디 흔한가.

옛날 선비들은
당나귀에 올라타고

시동은
주육묵(酒肉墨) 어깨에 메고
산속 선녀 찾아
답설심매(踏雪尋梅) 떠났다

맹호연(孟好然)이 건넜던 '파교(灞橋)'는
양회다리로 변했고,
나는
산타페로 탐매 길을 달렸다

팔도강산 빗길 눈길
물어물어 삼만 리,

한 주 두 주 찾을 때마다
그 기쁨 하늘 끝에 닿았다

나라 안 모두 뒤져서
팔십오주 찾는데
팔 년 남아 걸렸다.

—「매화를 찾아서」 전문

내가 저 앞에서 매촌의 심매국이 동양 3국이라 적었는데 이 시에 보니 '산타페'까지 탐매길이 열렸고, 나라 안팎을 모두 뒤져 팔십오주를 찾는데 8년이나 걸렸다. 그 고매와 명매를 찾아 문화재청에 5그루를 건의, 천연기념물로 지정하는 공적도 쌓았는데 봄만 되면 매촌 시인 탐매길에는 평생 성경 1,322,531자를 세 번째 사경(필사) 중인 부인과 동행이라서 매촌은 자신의 애매 발

자취를 아내의 성경 필사에 비견한다.

아내는 날마다
성경 쓰는 일이 일과 중 제일이다
신 · 구약 66권 1,189장, 31,173절
69명이 1600년 동안 기록한 1,322,531자를
세 번째 필사본으로 다 써 간다

나는 매화를 기르면서
아내가 성경을 쓰듯이
한 그루 한 그루를 매일 살피며
줄기며 가지들을 정성스레 다듬고
가꾸어 간다

분매는 내 발자국
소리를 들으며 자란다

—「아내가 성경 쓰듯이」 일부

참으로 사경하는 책갈피 속에 성인의 말씀이 소근대고, 매만지는 매분(梅盆) 잎에서 애매가의 서성이는 발자국 소리를 들어 천둥소리 원뢰 소리 그날의 날씨조차 알려주는 매향이요, 기특하고 지혜로운 매정(梅情) 40수년. 시인은 이제 아내와 매화가 일심동체며, 자신까지 한데 얼러 삼위일체 삶인 것이다.

매화꽃 필 무렵엔
매화 꿈만 꾼다

달나라에서
구름 타고 내려올
항아를
맞으려고

이 밤도
전전반측(輾轉反側)*
밤잠을 설친다.

* 전전반측(輾轉反側) : 공자(孔子)가 엮은 『시경(詩經)』 '국풍(國風)' 편에 나오는 시, 「관관저구(關關雎鳩)」에 보면,

關關雎鳩 在河之洲	구룩구룩 물수리는 강가 섬에 있도다
窈窕淑女 君子好逑	요조숙녀는 군자의 좋은 짝이로다
參差荇菜 左右流之	들쭉날쭉한 마른 풀을 이리저리 헤치면서
窈窕淑女 寤寐求之	요조숙녀를 자나 깨나 찾는구나
求之不得 寤寐思服	구하여도 얻지 못하니 자나 깨나 생각하는구나
悠哉悠哉 輾轉反側	생각하고 또 생각하여 이리저리 뒤척이는도다

이라고 씌어 있다. 강기슭에서 울고 있는 저구(雎鳩)라는 물새를 아름다운 요조숙녀에 비유하여 노래한 것이다. 이 시는 중국의 주나라 문왕(文王)과 그의 아내 태사를 높이 칭송하여 지은 시다.

■ 이제나저제나 매화꽃을 맞이할 꿈을 꾸며 기다리는 조바심.

—「매화 꿈」 전문

공자(孔子)도 아름다운 요조숙녀를 그리워하여 강가 섬에서 구룩구룩 우는 저구(雎鳩)라는 물새로 비유해 노래했다. 중국 주나라 문왕(文王)과 그의 아내 태사를 요조숙녀에 비유했으니 양귀비만 못하지 않은 미색이었으리. 이로 인해 전전반측(輾轉反側)이란 오매불망의 연심의 표상화는 수없이 많은 인구에 회자되고 있다. 나는 이

매화시(梅花詩)를 다 읽어가면서 공자님 말씀(詩)이 없다 싶었는데 이곳에 이르러 우리 매화 시인 매촌의 손길에 당연지사로 초빙되니, 공자님께서도 역시 매촌의 애매인다운 심사, 지극한 애매처럼 아내를 사랑하는 그의 공자님 후예다운 성정에 감복하지 않았나 생각되어 혼자서도 무릎이 탁 쳐지는 것이다.

이제 그의 큰 가르침, 매화부(梅花賦, Ode) 한 수를 어찌 간과할쏘냐.

서해 바다에 석양이
숨어드는 것을 보며

인덕원(仁德院) 풍후매가
지는 것을 보면

가지지 못한 것
오르지 못한 것

채우지 못한 것
알지 못한 것,

원망할 가슴도
탓하고픈
생각도 없다

바람결에 나부끼는
허망한 연기인 것을

지는 매화는
또
한여름 태양을
뜨겁게 끌어안고
눈길로 사뿐히
오게 될 터이다.

—「매화꽃 지는 밤」 전문

우리의 참 매화시인(梅花詩人) 매촌 안형재가 매화꽃 지는 밤에 예시처럼 오도(悟道)하였다. 서해 바다 붉은 석양이 파도 속에 숨어드는 그처럼이나 지는 인덕원 풍후매가 지는 것은 얼마나 아름다운 정경인가. 그 허망한 풍후매 낙화에 시인은 아무것도 가지지 않은 무소유의 철리를 뜨겁게 한가슴 껴안고 그것도 다시금 한여름 태양을 백설 분분한 눈길로 사뿐히 밟고 올 풍후매에 노구를 기대어 보는 것이다. 결단코 처량하지도 빈곤하지도 아니한 초원장제에 홀연히 홀로 나선 초인 같으다. 그리하여 그의 매화시는 여기 아닌 하늘의 노래가 된다.

고매 둥치에서
사슴뿔처럼
새 가지가 돋아나더니
여름내 실하게
잘도 자라다가
눈 내리는 겨울날
오랜 지우 만난 듯

흰 매화꽃
송이송이
곱게도 피었다
매화가지 끝에
매달린 둥근 달
그 영롱한 달빛은
매화 등걸 속에서
흰 꽃으로 변하여
연신 피어난다.

—「매화꽃으로 변한 달빛」 전문

놀라운 의고풍(擬古風)의 이미지즘시(物質詩, Physical Poetry)다. 영롱한 둥근 달빛이 매화등걸 속에서 흰 꽃으로의 아름다운 눈부신 현현(顯現)—.

處處線楊墣軗
家內外迫長安

낳고 죽음이 어디에 문밖에 나서면 서울 모르면 못 가나니 안 갈 수도 없다 하니 동방정도 못 갈 사람 없네. 묘각경(妙覺之境) 이르려면 죽기 싫다는 것조차 마음에 없는 구경(究竟)의 경지가 묘각지경이라 했던가.

문학세계대표작가선 800

내 마음에 매화를 심고

안형재 제1시집

인쇄 1판 1쇄　2017년 2월 24일
발행 1판 1쇄　2017년 3월　2일

지 은 이 : 안형재
펴 낸 이 : 김천우
펴 낸 곳 : 도서출판 천우
등　　록 : 1992. 2. 15. 제1-1307호
주　　소 : 서울시 성동구 무학봉28길 6 금용빌딩 2F
전　　화 : 02)2298-7661
팩　　스 : 02)2298-7665
http://www.moonhaknet.com
E-mail : chunwo@hanmail.net

값 10,000원

ISBN 978-89-7954-661-3

이 도서의 국립중앙도서관 출판예정도서목록(CIP)은 서지정보유통지원시스템 홈페이지(http://seoji.nl.go.kr)와 국가자료공동목록시스템(http://www.nl.go.kr/kolisnet)에서 이용하실 수 있습니다. (CIP제어번호: CIP2017006377)